PE. FLÁVIO SOBREIRO

A Arte de Reescrever a Vida

EDITORA
SANTUÁRIO

DIREÇÃO EDITORIAL:
Pe. Fábio Evaristo R. Silva, C.Ss.R.

CONSELHO EDITORIAL:
Pe. Ferdinando Mancilio, C.Ss.R.
Pe. Marlos Aurélio, C.Ss.R.
Pe. Mauro Vilela, C.Ss.R.
Pe. Victor Hugo Lapenta, C.Ss.R.

COORDENAÇÃO EDITORIAL:
Ana Lúcia de Castro Leite

COPIDESQUE:
Denis Faria

REVISÃO:
Luana Galvão

DIAGRAMAÇÃO E CAPA:
Junior dos Santos

Dados Internacionais de Catalogação na Publicação (CIP)
(Câmara Brasileira do Livro, SP, Brasil)

Sobreiro, Flávio
   A arte de reescrever a vida / Flávio Sobreiro. – Aparecida, SP: Editora Santuário, 2017.

ISBN 978-85-369-0499-3

   1. Bíblia – História de fatos bíblicos – Ficção 2. Conduta de vida 3. Personagens bíblicos 4. Reflexões 5. Sofrimento – Aspectos religiosos I. Título.

17-04338   CDD-242.2

Índices para catálogo sistemático:
1. Vida: Reflexões: Cristianismo 242.2

1ª impressão

Todos os direitos reservados à **EDITORA SANTUÁRIO** – 2017

Rua Padre Claro Monteiro, 342 – 12570-000 – Aparecida-SP
Tel.: 12 3104-2000 – Televendas: 0800 16 00 04
www.editorasantuario.com.br
vendas@editorasantuario.com.br

Prefácio

A arte de reescrever a vida, título instigante que nos desafia a redescobrir as formas de amar, descortinando o véu que nos prende ao velho e não permite que enxerguemos as possibilidades do novo, encarcerados nas grades do medo e da dor que invade o coração.

Padre Flávio, inspirado pelo Espírito Santo, presenteia-nos com uma obra construída na simplicidade, sabedoria e humildade de um homem de Deus. As histórias registradas neste livro são releituras de fatos bíblicos, interpretadas de maneira fictícia, mas com extrema sensibilidade.

Cada capítulo deste livro singular nos convida a vivenciar os sentimentos de pessoas que protagonizaram momentos únicos e profundos na presença de Jesus Cristo, apresentando reflexões sobre as expressões do sofrimento humano quando em contato íntimo com o Divino, como foi o caso da dor da mentira estampada no rosto de Pedro, o drama do arrependimento de Judas e a angústia e desconsolo da viúva de Naim, ao acreditar ter perdido o seu filho para a morte.

Algumas dessas pessoas souberam reconhecer a dádiva que receberam e reescreveram suas histórias a partir de então. Outras ficaram pelo caminho, inseguras e acorrentadas nas incertezas, nas dúvidas e na falta de fé. Se ao menos possuíssem essa última do tamanho de um grão de mostarda, transformariam sua dor em amor e tornar-se-iam como árvores frondosas e cheias de vida, capazes de espalhar as sementes da verdade, justiça e esperança ao vento, semeando, assim, outros corações por meio de seus testemunhos de vida.

Vocês perceberão no decorrer deste livro que, em certas ocasiões, cada um de nós identifica-se com o jovem rico, a mulher adúltera, o cego de Jericó, o paralítico de Betesda ou com o ladrão arrependido.

Como cada um desses personagens, escolhemos perder a paz interior, ao alimentarmos os nossos erros e pecados, tentados a nos afastar de Deus; ao deixarmos de enxergar a dor do outro, preocupando-nos apenas com a nossa e esquecendo-nos de que a compaixão e a caridade são essência maior do amor do Pai; ao vestirmos o manto da hipocrisia, julgando as injustiças do mundo, sem darmo-nos conta de nossas próprias misérias interiores.

Ao final de cada capítulo, padre Flávio convida-nos a reescrever nossa própria história. O desejo de reparar os erros, à luz da misericórdia de Deus, e de agir seguindo o exemplo de seu amor incondicional remete-nos a repensar caminhos e escolhas, e meditar no que é realmente necessário para ser feliz.

Dá-nos a oportunidade de inflamar a chama da esperança, que carregamos no peito, e garimpar a pedra preciosa que, às vezes, esconde-se no fundo de nossa alma, resgatando, assim, a alegria de viver o amor em suas mais diversas formas.

Aos olhos do Pai, sempre temos a chance de recomeçar, não importa a idade, quantidade e gravidade de nossos pecados, pois Ele não condena falhas e faltas nem guarda ressentimentos de corações verdadeiramente arrependidos e convertidos.

Pede-nos apenas que não pequemos mais e que vivamos suas palavras de maneira concreta. Aprendamos juntos a arte de reescrever os nossos sonhos e as nossas vidas.

Dr. Fábio Augusto
Médico, compositor e escritor cristão.
Autor do livro:
Da dor nasce o amor, publicado pela Editora Sextante.

"Não chores mais"
(Lucas 7,11-17)

A Viúva de Naim

Foi naquela tarde, na qual o sol se despedia e anunciava a noite que iria chegar, que recebi a notícia: meu filho não mais chegaria a casa. Ficou ao longo do caminho. Partiu sem dizer-me adeus. A noite, que ainda não havia chegado, naquela tarde surgiu mais cedo. Na tristeza que me roubava o direito de abraçá-lo e ouvir sua voz chamar-me de mãe pela última vez, fiz daquela noite uma eternidade de sofrimentos.

Noite que não passa é coração de mãe que sofre. Sofrimento sem nome são lágrimas de saudades, que nunca mais irão ver a chegada de quem um dia foi embora sem dizer adeus. Não vi estrelas naquela noite, pois a luz que me devolvia a paz, ao final dos dias, havia partido sem deixar-me olhar em seus olhos cheios de vida pela última vez.

O dia amanheceu nublado, tal quais as minhas manhãs seriam, de agora em diante. Não via flores nem esperanças: apenas a estrada seca e o sol que queimava minhas dores. As lágrimas que molhavam meu rosto não eram nada diante de meu coração sem vida. A vida tinha se despedido, e a saudade era dor sem data para partir.

Ao longe, avistei um grupo que vinha a nosso encontro. Não reconheci quem poderia ser. Minhas dores eram maiores que minha curiosidade. Apenas me recordo que o brilho daquele olhar penetrou minha alma e rasgou o véu que encobria minhas angústias.

Aproximou-se e olhou-me com uma ternura que só havia conhecido por meio de meu filho, que eu agora contemplava sem vida. Apenas duas palavras: "Não chores!" Como não chorar, quando se perde a única flor que foi cultivada em meu jardim de cuidados? Se lágrimas falassem, as minhas gritariam pedindo que a verdade diante de mim fosse apenas um pesadelo, que iria desaparecer assim que eu acordasse.

Aproximou-se do caixão, tocou-o... Diante da atitude daquele homem, todos pararam. Qual seria seu interesse em tocar o caixão de um jovem que nem sequer ele devia conhecer? Olhou mais uma vez em minha direção. Nossos olhares cruzaram-se, a tal ponto que uma faísca de esperança cruzou os desertos de minhas incertezas, e pude sentir uma brisa serena que me devolvia a paz de outros tempos.

– Jovem, eu te ordeno, levanta-te!

Diante de todos, meu filho sentou-se e olhou para mim com tamanho amor que não caberia em palavras.

Sei apenas que aquela manhã de tristezas tornou-se a mais bela experiência de felicidade por mim já vivenciada. Corri... Abracei meu filho, como nunca antes havia abraçado... Dei-lhe um beijo de eternidade... Se antes as lágrimas eram de dor, agora elas eram de uma alegria que nunca mais poderá ser apagada de minha alma.

Com os olhos banhados em lágrimas, aquele homem acompanhava toda a minha festa pela volta de meu filho, que havia partido sem deixar nenhuma esperança de regresso. Aproximei-me... Ajoelhei-me aos seus pés... Se fosse rica, teria dado toda a minha herança para pagar-lhe tamanho gesto de amor. Não tinha nenhuma moeda em minhas mãos. Os únicos bens que haviam comigo tinham sido gastos na despedida de meu amado filho.

Tomou-me pela mão e ajudou-me a levantar. Com um sorriso nos lábios, disse apenas que, se uma mãe tivesse a alegria de volta ao coração, já teria recebido a maior herança que alguém lhe poderia dar.

E foi assim que, naquela manhã de trevas, eu encontrei em um gesto de amor a felicidade, que a dor havia me roubado.

Reescrevendo a Vida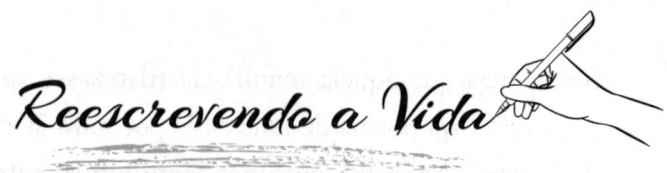

A morte sempre deixa marcas no coração. Talvez um dos sentimentos mais difíceis de ser enfrentado seja o sentimento de perder alguém que amamos. Contudo, essa é uma realidade que faz parte do nosso processo de vida. As lembranças ficam guardadas no coração. As lágrimas sempre voltam. A saudade torna-se companheira.

Mas por nossa fé acreditamos que aqueles que nos deixaram, hoje, vivem junto de Deus. Contemplam no amor de Deus a felicidade plena, onde não há dor, lágrimas ou tristeza. A distância que nos separa daqueles que amamos, e que já fazem morada junto do amor do Pai, é apenas temporária. Um dia, na glória celeste, todos nos encontraremos, então a dor e a saudade darão lugar ao abraço do encontro.

Caminhar é preciso. O Mestre da Vida aproxima-se de nossa dor e, com o olhar misericordioso, devolve-nos a esperança na ressurreição. Diante do amor de Cristo, somos convidados a não ficarmos estacionados na dor. A nossa missão ainda não foi finalizada. Outros continuam precisando do nosso amor, carinho, cuidado e atenção.

A Viúva de Naim nos ensina a caminharmos pela vida com os olhos fixos na misericórdia de Cristo. O mesmo Jesus, que devolveu a vida ao coração daquela mãe, devolve-nos, hoje, a certeza de que um tempo novo é possível em nossa vida.

Façamos o bem hoje. Não adiemos o amor. Reescreva sua vida, acreditando que, junto de Cristo, a vida é sempre mais forte que a morte.

"Jesus, mestre, tem piedade de nós"
(Lucas 17,11-19)

O Leproso Agradecido

Caminhava sem vida. Meus passos haviam se perdido em caminhos que me conduziam a um tempo de incertezas. Não estava sozinho. Juntamente comigo, outros nove compartilhavam as dores da exclusão. Éramos peregrinos em busca de vida. No horizonte, contemplávamos uma dor que não se despedia, nem mesmo com um novo dia.

Ouvimos falar dele. Soubemos que realizava curas. Convidei meus amigos para irmos até ele. Recusaram. A dor da condenação já havia criado raízes em cada coração. A erva daninha da tristeza havia crescido mais que as flores da esperança.

Foi em uma tarde, em que o sol se despedia de mais um dia, que nos contaram que não precisaríamos ir até ele, pois já se encontrava entre nós. Confesso que meu coração disparou e minhas mãos suaram. Foi com muita insistência que convenci os meus amigos a irem ao seu encontro. Enquanto eu caminhava com os passos da esperança, eles me seguiam com as certezas da impossibilidade.

Quando o céu anunciava a chegada das primeiras estrelas da noite, nós o vimos a distância. O olhar de meus amigos brilhavam com tamanha intensidade que nem mesmo as trevas da noite, que se aproximavam, poderiam roubar-lhes a alegria em seus sorrisos. Naquele exato momento, pude perceber que a descrença, que os tinha acompanhado, havia partido em busca de outras vítimas.

Não podíamos nos aproximar. Éramos impuros. Carregávamos em nosso corpo a lepra da exclusão. A distância do preconceito nos separava da vida. Diante dele ousamos gritar. Talvez, fosse aquele o nosso último grito de esperança. Não tínhamos mais a quem recorrer. Era nossa última chance de ter a vida resgatada. E gritamos tão forte, que se poderiam ouvir, mais de quilômetros de distância, nossas súplicas:

– Jesus, Mestre, tem piedade de nós.

Quando ele nos olhou, sentimos seu amor tocar todas as nossas feridas. Diante dele, aquela noite, que anunciava mais um dia de sofrimentos, deixou de existir. Sabíamos que nada mais seria igual. O passado estava despedindo-se para dar lugar a um futuro de felicidade plena, construída no presente, que agora começaríamos a viver.

E foi assim, com uma voz que mais parecia uma brisa serena, que ele nos disse:

– Vão e peçam aos sacerdotes que examinem vocês!

Olhamos uns para os outros espantados. Irmos apresentarmo-nos aos sacerdotes? Aqueles que nos haviam excluído? Foi por meio deles que carregávamos a lepra da impureza! Nos olhos de meus amigos, pude ver várias lágrimas caindo. A chance de ter a vida de volta parecia ter ido embora e, aos poucos, a dor da decepção se fazia presente com a noite que chegava.

Caminhamos um pouco. O silêncio parecia ter se alojado em cada coração. Não havia mais palavras. O brilho das estrelas insistia em querer animar-nos. Quando o brilho da lua, que nascia no horizonte, iluminou nossos corpos, conseguimos olhar mais nitidamente um para o outro.

Foi com lágrimas nos olhos, sob o brilho daquela noite de lua cheia, que pudemos ver o milagre que havia se realizado. Não havia mais lepra. Havíamos recuperado a vida. Nosso coração havia sido tocado pelos olhos do Amor. Tendo apenas as estrelas como testemunhas, abraçamo-nos profundamente. Nossas lágrimas lavaram todas as nossas tristezas que pareciam ter se fixado em nossa alma.

Era preciso voltar e agradecer. Nada mais seria como antes. O futuro havia chegado ao presente de nossas incertezas. Convidei-os, mas não quiseram. A alegria deles era maior que o desejo da gratidão. Foi assim que voltei sozinho e, colocando-me de joelhos aos seus pés, agradeci a vida que ele havia me devolvido.

Perguntou-me pelos outros nove. Disse que estavam imersos na felicidade e que os havia convidado a virem comigo agradecer; mas não quiseram.

Olhando-me profundamente nos olhos, disse-me:

– Eles fizeram a escolha de ficar apenas com a felicidade. Você, ao contrário, escolheu ficar com a Vida. Levante-se e vá. Você está curado porque teve fé.

Ao levantar-me, recebi seu abraço. E naquele momento tive a certeza de que nada mais seria como antes. Os outros nove haviam sido curados, mas foi minha fé que me levou a buscar uma vida que nunca mais poderia deixar-me preso a um passado de incertezas.

Naquela tarde, a tristeza despediu-se, e um novo tempo começou em minha história. Hoje, caminho com meu coração fixo em seu olhar. Não é mais preciso o brilho da lua, ou das estrelas, para iluminar meus passos, porque aquele sorriso se fez luz em minha alma e hoje me guia pelos caminhos de um novo tempo.

Reescrevendo a Vida

A gratidão é a maneira mais sublime de oração. Todos os dias, nós nos deparamos com inúmeras situações que nos proporcionam várias formas de agradecimento. Por vezes, as inúmeras demandas do dia a dia nos roubam um tempo precioso de gratidão.

Quem não aprendeu a agradecer, dificilmente, terá tempo para ver as graças e os milagres presentes no cotidiano da vida. Quando nos fechamos em nossos problemas, colocamos uma venda sobre nossos olhos, que impede de vermos além das dificuldades.

Dos dez leprosos curados somente um retornou para agradecer a Jesus a cura realizada. Essa estatística pode ser aplicada à vida de muitos de nós. Muitos usam Deus como um "fantoche". Quando precisam de sua ajuda, correm a seu encontro. Porém, quando conquistam aquilo que pediram, abandonam Deus e só voltam a Ele quando uma nova dificuldade surge.

Agradecer sempre: nossa família (mesmo com todas as dificuldades de relacionamento), o alimento que temos em nossa mesa; o dom da vida, precioso e belo; a natureza, obra da Criação.

Quem aprende a agradecer, com certeza, aprende a ser mais misericordioso e compassivo com os irmãos e as irmãs. Reescreva sua vida, a partir do agradecimento. Não tenha medo de agradecer. Disponibilize um tempo do seu dia para dar graças a Deus tudo de bom que você tem vivido.

"Tua fé te salvou!"
(Lucas 18,35-43)

O Cego de Jericó

Aprendi a reconhecer o nascer de um novo dia quando os pássaros anunciavam o alvorecer. Aprendi a caminhar pela vida a passos lentos. Não cheguei a ver a cor dos olhos de minha mãe. Apenas sentia sua mão delicada tocar os meus cabelos. Nos gestos de ternura, ela eternizou, em meu coração, o amor que não precisa de nomes para ser explicado.

Cansado de ser condenado por um pecado que não conhecia o nome, peregrinei pelas dores e fiz da vida um deserto sem oásis. Aqueles que me viam com os olhares do preconceito nunca puderam enxergar as minhas tristezas com o coração. Fui criado na dor, sem ter a chance de me livrar das cordas que me prendiam a um futuro de incertezas. Fizeram-me refém do presente. O passado, que nunca cheguei a conhecer, impedia-me de voltar à vida que haviam me roubado.

Sem chance de trabalhar, aprendi a mendigar solidariedade. Uma moeda não me devolvia a felicidade roubada, mas impedia que eu morresse de fome. Quando o sol da manhã se despedia e anunciava mais uma tarde de infelicidades, ouvi a multidão agitada que passava a meu lado. A poeira dos passos rápidos trazia o vento das esperanças. Diante do fato, desejei saber do que se tratava; perguntei e me disseram que era Jesus de Nazaré.

Não o conhecia pessoalmente, mas já me haviam falado dele. Disseram-me que era um profeta e que anunciava um novo tempo. Confesso que, quando ouvi que era Jesus de Nazaré que estava ali, os primeiros raios de sol daquela tarde, que muitas vezes me anunciavam a tristeza, converteram-se em possibilidades. Seria aquele o momento em que eu poderia ter a chance de recuperar uma felicidade que conhecia apenas de nome.

Como um louco, que aos olhos da multidão seria julgado pelos contextos da normalidade, comecei a gritar desesperadamente:

– Jesus, Filho de David, tem compaixão de mim!

Diante de meus silêncios, que ganharam tonalidades de desespero, quiseram me calar. Ordenaram que me calasse. Nada poderia me impedir de ter a chance de ver a vida sem a condenação que outros colocaram sobre meus ombros.

E foi assim que, após muitos clamores, ele pediu àqueles que me condenavam que eu fosse levado até sua presença. Diante dele, aquela tarde de antigas esperas se fez uma manhã de misericórdia. Interiormente, eu sabia que estava diante daquele que poderia me devolver a vida, que o preconceito me impediu de conhecer.

Perguntou-me o que eu queria. Respondi: "Senhor, que eu recupere a visão!" Quando Jesus me disse: "Recupera a vista! Tua fé te salvou!", os muros que me impediam de ver o outro lado da vida foram caindo; e eu pude contemplar na serenidade de seu olhar a mesma ternura, que, nos gestos silenciosos de minha mãe, me acalmava a alma.

As primeiras lágrimas daquela tarde devolveram ao cemitério de minhas esperanças a primavera que esperava a chance de ser, em mim, a estação de um novo tempo.

Com a alma inundada de felicidade, juntei-me à multidão que buscou me calar e, com meus olhos refletidos no amor de Cristo, eu anunciava a misericórdia, que era apenas uma teoria distante para eles.

Reescrevendo a Vida

Todos almejamos caminhar na luz de Deus. Quem caminha nas trevas perde-se de Deus; e, como consequência, perde-se de si mesmo e dos irmãos e das irmãs. A luz de Deus devolve a nossa vida manhãs de ressurreição.

Trevas atraem trevas. Luz atrai luz. Quanto mais estivermos próximos de situações que trazem trevas a nossa alma, mais estaremos imersos neste mundo. Mas, ao contrário, quanto mais nos aproximarmos da luz, mais seremos iluminados e iluminaremos.

Luz e trevas não combinam. Em um ambiente escuro, quando é acesa uma luz, as trevas se dissipam. Elas fogem da luz, porque ambas são incompatíveis em um mesmo ambiente. Em nosso coração, não há lugar para a escuridão. Em Cristo, encontramos a Luz do Amor, que afugenta todas as trevas que insistem em fixar morada em nossa alma.

O cego de Jericó encontrou, em Jesus, uma oportunidade de ver a luz de um novo tempo em sua vida. Não perdeu a oportunidade; fez daquele momento o mais decisivo de sua vida. A cada dia, temos a oportunidade de nos voltarmos para a Luz de Cristo. Uma luz que nos devolve à vida em plenitude.

Reescreva sua vida, a partir da Luz de Deus. Deixe-se iluminar pelo amor misericordioso de Jesus. Faça de seu caminho um tempo novo, em que cada manhã seja uma nova oportunidade de ser feliz. Seja luz em cada tempo das estações de sua história!

"Se eu conseguir somente tocar em sua veste, serei salva"
(Mateus 9,20-22)

A mulher que sofria de hemorragia

Durante doze anos estive enferma. As manhãs já não anunciavam mais esperança. Em meu coração não mais se encontrava a certeza da cura. No início de minha doença, ainda cultivava uma esperança de cura. Mas, com o passar dos anos, a esperança deu lugar ao desânimo.

Certa manhã, quando olhava a vida passar pela janela de minha casa, avistei de longe uma amiga. Seus cabelos balançando ao vento anunciavam uma esperança desconhecida em minha alma. Adentrou minha casa e, com um sorriso nos lábios, disse-me que havia um homem que poderia curar-me. Perguntei pelo nome. Ele era conhecido por toda a região como Jesus, o Messias. Quando ouvi aquele nome, meu coração disparou. Não sei o que houve, naquele momento, em minha alma. Mas uma luz de esperança se acendeu em minha vida.

E foi assim que eu e minha amiga partimos ao seu encontro. Percorremos um longo caminho, enfrentando o sol do meio-dia. Mas as esperanças de cada manhã anunciavam que nada mais seria como antes.

Quando avistamos uma multidão, tínhamos plena certeza de que ele se encontrava no meio daquele povo. Olhamos uma para a outra, assustadas. Como seria possível chegar até ele? Não teríamos nenhuma chance! Era praticamente impossível ele ouvir minha voz clamando por misericórdia em meio àquela multidão de pessoas.

Com uma força que ultrapassava o meu entendimento, pensei comigo mesma: "Se eu conseguir somente tocar em sua veste serei salva!"

Com as últimas forças que encontrei, após aquela longa viagem, fui entrando no meio daqueles que cercavam o Mestre da Vida. A cada passo que eu dava era empurrada! Parecia ser impossível chegar até ele. Mas a minha persistência era mais forte do que as mãos daqueles que me empurravam. E foi rastejando pelo chão que consegui alcançar os pés de Jesus.

Por um instante, tudo se fez silêncio ao meu redor. Quando olhei para cima, pude ver aquele olhar de paz. Não consigo explicar o que aconteceu naquele exato momento. Mas a paz, que invadiu minha alma, curou-me de todas as tristezas, que há anos estavam acumuladas em meu coração. O jardim que antes estava seco, repentinamente, fez-se florido, e o perfume do amor invadiu cada canto de minha alma.

Antes mesmo que eu pedisse a cura, ele me disse: "Confiança, minha filha! Tua fé te salvou!" Ao ouvir essas palavras, a hemorragia cessou. Suas palavras adentraram de tal maneira em minha vida, que eu não consegui nem mesmo levantar-me para lhe agradecer. Apenas, toquei suavemente os seus pés em sinal de gratidão.

Ainda hoje, carrego comigo aquele olhar e aquelas palavras. Ouço sua voz em cada canto de minha alma. A cada dia sou curada por seu amor. Hoje, caminho pela vida, não mais imersa nas tristezas. Semeio o amor, que um dia foi plantado em meu coração. A misericórdia de Cristo frutificou em meu jardim, e, cada dia, a vida se faz sempre nova.

Reescrevendo a Vida

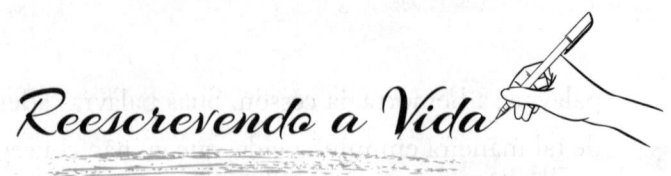

A enfermidade chega sem pedir licença. Muitos enfrentam diversos tipos de enfermidade e convivem com eles. Toda doença é sempre um processo doloroso, tanto para quem a enfrenta como para quem convive com uma pessoa enferma.

Nessas situações dolorosas, enfrentamos a fragilidade de nossa natureza humana e nos deparamos, em muitos casos, com o processo de finitude da vida. Muitos culpam Deus pelas mais diversas situações que estão vivendo. Alguns pensam ser castigo divino diante de um pecado que tenham cometido na vida. Essa visão foge, completamente, da imagem verdadeira de Deus.

No tempo de Jesus não era diferente. Autoridades religiosas culpavam os doentes de seu tempo pelos pecados cometidos. A doença era vista como um castigo de Deus, uma punição. Jesus desmascara essa situação opressora e revela o verdadeiro rosto de Deus: um Pai amoroso, que não castiga seus filhos e que os ama de maneira incondicional.

A enfermidade é a fragilidade diante de nosso processo humano. Por isso mesmo, é preciso acolher, com todo o amor, aqueles que hoje enfrentam essa situação e cuidar deles. O amor começa a ser verdadeiramente vivido, quando vemos, em cada enfermo, o rosto do próprio Cristo sofredor.

Reescreva sua vida, amando cada pessoa enferma, como o próprio Jesus ama. Visite e auxilie os doentes de sua rua, de seu bairro e de sua comunidade. Amar é sempre fazer a diferença de modo positivo na vida de alguém.

"Mestre, que devo fazer
para possuir a vida eterna?"
(Mateus 19,16-22)

O Jovem Rico

Meu pai sempre possuiu um grande número de bens, herdados de meu avô. Vivíamos tranquilos. Contudo, minha vida parecia, muitas vezes, sem sentido. Em minhas reflexões, não conseguia descobrir a causa de tamanho vazio em meu coração. Por meio de meus amigos, soube de um homem, que diziam ser um profeta, o qual estava devolvendo o sentido à vida de muitas pessoas. Ouvi também dizer que ele realizava curas e prodígios.

Quem sabe este homem não me ajudaria a descobrir o grande sentido de minha existência? E foi assim que, inundado de esperanças, fui a seu encontro. Seu nome era Jesus.

Quando nos vimos ficamos um bom tempo em silêncio. Eu contemplava a paz que seu olhar e sorriso irradiavam, e ele percorria os territórios mais secretos de minha alma. Ficamos assim um bom tempo. Busquei coragem e lhe perguntei:

– Mestre, que devo fazer de bom para possuir a vida eterna?

Fui até Jesus para encontrar o sentido de minha vida, mas, ao olhar para ele, tive uma única certeza: minha verdadeira busca era, por meio da vida eterna, descobrir um sentido para meus dias. De fato, de nada adiantaria eu descobrir um sentido para a vida terrena, mas vir a perder a vida eterna.

Diante de minha pergunta, ele respondeu-me com muita ternura:

– Por que você me pergunta o que é bom? Um só é o bom. Se você quer entrar para a vida eterna, guarde os mandamentos.

Durante toda a minha vida sempre havia sido uma pessoa obediente. Respeitava meus pais, ajudava-os quando necessário, amava meus amigos... O que ele queria dizer com guarde os mandamentos...?

– Quais mandamentos?

Novamente, vi um brilho em seu olhar que me deixava, cada vez mais, desinstalado de minhas seguranças. Diante dele, sentia-me frágil e, ao mesmo tempo, acolhido. E foi com esse olhar de amor que ele me respondeu:

– Não mate; não cometa adultério; não roube; não levante falso testemunho; honre seu pai e sua mãe; e ame seu próximo como a si mesmo.

Durante toda a minha vida, eu tinha observado cada um desses mandamentos. Havia-os cumprido com integridade, mas a minha vida ainda continuava sem sentido. Nem mesmo cumprindo os preceitos religiosos, encontrava a felicidade que poderia me conceder a vida eterna. Onde teria eu errado? O que ainda faltava fazer para encontrar o que tanto buscava em minha alma?

Disse-lhe que eu sempre havia cumprido cada um daqueles mandamentos, e, contudo, não era feliz. Desta vez seu semblante ficou sério. Percebi que havia chegado o momento de ouvir uma resposta que seria um divisor de águas em minha vida:

– Se você quer ser perfeito, vá; venda tudo o que tem; dê o dinheiro aos pobres; e você terá um tesouro no céu. Depois venha e siga-me.

Ouvir aquelas palavras provocou em mim uma dor tão forte, que não tive coragem de nada mais perguntar. O sentido que buscava para minha existência estava naquilo, que nunca pensei ser um empecilho para a vida eterna. Como dar todos os bens que eu possuía? Como deixar meus pais para segui-lo? A sua proposta era pesada demais para mim.

Fui à busca de uma resposta e a encontrei. Só não esperava que ela fosse tão difícil de ser cumprida.

Hoje, ainda carrego em meu coração os ecos de suas palavras. Tenho pensado seriamente se tudo o que possuo me faz tão feliz como aquele olhar, sorriso e aquelas palavras, que, por alguns instantes, fizeram-me contemplar a riqueza da vida eterna no hoje de minha pobreza.

Reescrevendo a Vida

Alguns buscam preencher o vazio que carregam no coração com drogas. Outros com o consumismo. Há vazios na alma que somente podem ser preenchidos com o amor de Deus. Em busca da felicidade, muitos têm se aventurado por caminhos que conduzem a uma tristeza, sempre mais profunda.

O jovem rico buscava uma certeza: o que fazer para possuir a vida eterna. Ele praticava todos os ensinamentos recomendados pela lei. No entanto, seu coração ainda se encontrava apegado aos bens materiais.

O apego nos rouba de nós mesmos. Ele ocupa, em nossa vida, um espaço que não lhe pertence. Quem vive apegado a falsas seguranças cria, para si mesmo, uma realidade que não existe. O caminho para a vida eterna consiste em colocar nas mãos de Deus tudo aquilo que nos impede de sermos totalmente do Senhor.

Não há vazio interior que possa ser preenchido sem o amor de Deus. Santo Agostinho nos recorda que nosso coração estará inquieto, enquanto não repousar em Deus.

Reescreva sua vida, abandonando-se nas mãos de Deus. Encontre a vida eterna, entregando todas as suas incertezas para aquele que é nossa certeza definitiva. Preencha o vazio de seu coração com o amor de Cristo, que se doa gratuitamente.

"Nem conheço esse homem!"
(Mateus 26,69-75)

As mentiras de Pedro

Se as lágrimas pudessem falar, as minhas diriam da dor que hoje carrego em meu coração. Se, hoje, choro a dor da mentira, foi porque não soube, em minha fraqueza, viver a confiança que ele me ensinou.

Todos buscavam o Mestre. Desejavam matá-lo. Conheciam-me, porque sempre estava junto dele. Era impossível eu conseguir enganar alguém. Não enganaria nem a mim mesmo. Naquela noite, meu coração estava triste. Haviam prendido Jesus. Encontrava-me sozinho e com medo. Procurava esconder-me da multidão. Não queria ser reconhecido. Não queria, nem mesmo, falar com alguém. Procurava, em meu coração, uma resposta que aliviasse minhas incertezas em relação ao futuro.

Havia muitas pessoas no pátio durante aquela noite. A curiosidade fez com que muitos deixassem suas casas para conferir de perto a dor do outro. Para muitos tudo aquilo era um espetáculo, mas, para mim, a dor e o sofrimento de Cristo sufocavam meu coração com uma profunda tristeza.

Eu tentava fugir daqueles olhares curiosos, mas a multidão, que aos poucos ia aumentado, parecia querer confirmar se eu era mesmo um dos seguidores de Jesus. Por alguns instantes, lembrei-me do olhar do Mestre. Sempre tão sereno e penetrante, que enxergava na minha alma todas as minhas fragilidades, e mesmo assim me amava como um amigo muito querido.

Quando aquela mulher veio em minha direção, já sabia o que ela iria exclamar:

– Você também estava com Jesus, o galileu!

Diante daquela exclamação e do grande número de pessoas que acompanhavam a cena, abaixei meus olhos e respondi que não sabia, absolutamente, nada sobre o que ela, aquela mulher, estava dizendo. Diante do perigo da acusação, eu tinha me defender. Não poderia também ser morto.

Observando que todos me olhavam curiosos, decidi mudar de lugar. Fui até a entrada do pátio, onde a multidão de pessoas se aglomerava. Talvez, nesse local, eu estivesse mais seguro.

Mas, outra vez, uma mulher aproximou-se de mim e disse aos gritos:

– Esse também estava com Jesus, o Nazareno.

Diante de tal afirmação protestei:

– Nem conheço esse homem!

Todos me olhavam com desconfiança. Claro que muitos naquele local já haviam me visto com Jesus. Mas o medo era mais forte que minha coragem. Aos poucos, o volume das vozes foi aumentando e, quando percebi, estava cercado por um grande número de pessoas!

– É claro que você também é um deles, pois o seu modo de falar o denuncia.

– Nem conheço esse homem!

Quando acabei de afirmar tal ingratidão, pude ouvir, ao longe, o galo cantar. Aquele canto adentrou minha alma de uma maneira tão profunda, que meu coração gelou. Então, lembrei-me do que Jesus me havia dito:

– Antes que o galo cante, você me negará três vezes.

Neguei o amor do meu Mestre por medo. Neguei a sua bondade para comigo, apenas, para tentar fugir das acusações. Hoje, carrego em meu coração a dor de ter negado quem nunca me negou. Nada mais foi como antes em minha vida. Sei que Jesus me perdoou. Mas ainda tenho em minha alma o canto daquele galo, que, em uma madrugada de fragilidades e medos, anunciou minha ingratidão diante do amigo, que me mostrou o caminho da vida.

Reescrevendo a Vida

A verdade é fonte de liberdade interior. A mentira cria prisões na vida e na alma. Há pessoas que se tornaram reféns das mentiras que elas próprias criaram. Na busca de uma imagem ideal, muitos têm se perdido em falsas verdades. Quanto maior a mentira, maior será a prisão.

A verdadeira liberdade é fruto da verdade. Onde há mentira não há confiança. Pedro mentiu por medo. Tornou-se refém do arrependimento. Sabia que, se falasse a verdade, poderia sofrer as consequências da sua escolha. Preferiu esconder-se de si mesmo, dizendo que não conhecia Jesus.

Na vida, muitos têm medo e vergonha de se dizerem cristãos. Preferem esconder-se com medo do que outras pessoas irão dizer a seu respeito. Cristo nunca teve medo de dizer que nos ama. Enfrentou uma sociedade preconceituosa, para anunciar um amor que superava os limites de mentiras, que roubavam do ser humano o direito de serem livres em Deus.

Reescreva sua vida, na verdade das palavras, gestos e ações. Quando a mentira parecer mais atrativa que a verdade, recorde-se, sempre, de Pedro que chorou a dor do arrependimento. Mentiras criam na alma prisões, que nos roubam o direito de sermos filhos da verdade e do amor.

> "Pequei, entregando à morte
> sangue inocente"
> *(Mateus 27,1-5)*

O arrependimento de Judas

O peso daquelas moedas não foi suportado por meu coração. A ganância, que sempre busquei, não me trouxe a felicidade com que um dia sonhei. Carrego as marcas do arrependimento em minha alma. Somente o amor de Cristo pode apagar a dor de minha infidelidade.

Um dia, apaixonei-me pelas suas palavras. Em meu coração, tinha plena certeza de que ele era o Messias, que há tanto tempo esperávamos. Tornei-me seu seguidor. Deixei tudo para estar junto com ele. Mas a ganância invadiu os territórios mais ambiciosos de minha alma.

Durante muito tempo, conservei minha fidelidade. Mas, aos poucos, fui tornando-me fraco. O brilho das moedas ofuscou o brilho do amor, que eu sentia por ele. Hoje sei que era um brilho falso. Perdi-me nas miragens do engano. E, agora, percorro o deserto do arrependimento. Dor maior não há do que trair e depois ter de conviver com o peso da culpa.

A meu lado, encontram-se as trinta moedas de prata. Mas meu coração encontra-se vazio. O brilho da ganância tornou-se trevas em meu caminho. Penso em cada um de meus companheiros, que em mim confiaram. Penso na traição como busca de privilégios. Penso, ainda mais, no sangue inocente a ser derramado pela infeliz escolha que fiz.

Já não mais suporto conviver com ela. Fui até os chefes dos sacerdotes e anciãos devolver as trinta moedas de meus infinitos pecados. Disse-lhes que havia entregado o sangue de um inocente. Olhando para mim com pouco caso, disseram-me:

– E o que nós temos com isso? O problema é seu.

Joguei as moedas no chão do santuário e sai correndo. Buscava fugir do que em mim pesava. As moedas ficaram lá, mas o peso da dor iria continuar.

Espero que eu seja perdoado. Sei que o amor de Cristo um dia vai acolher-me. Espero que esta dor do arrependimento possa dar-me o direito à salvação. Sei apenas que não mereço. Nada mais será como antes. Se pudesse voltar atrás, o beijo que dei nele não seria de traição, mas, sim, de um coração arrependido. O único brilho que desejo contemplar é do olhar de Cristo dizendo-me que me perdoa...

Reescrevendo a Vida

Talvez, uma das maiores dores que existem é a dor do arrependimento. Uma palavra depois de proferida pode causar feridas, que levam uma vida toda para serem cicatrizadas. Um olhar de indiferença pode deixar marcas eternas na alma.

Muitos gostariam de voltar, ao menos, um segundo ao passado e desfazer gestos e atitudes, que hoje pesam na consciência. Infelizmente, não há como voltar ao passado. O que podemos fazer é aprender com os erros de outrora. O hoje é sempre uma oportunidade de recomeçarmos. A cada dia, a vida nos oferece a possibilidade de reescrevermos novas páginas na história de nossa vida.

Judas sentiu o peso do arrependimento. As moedas da traição pesaram mais que qualquer barra de ouro. Ele não conseguiu se perdoar. Fez da dor uma forma de dar fim a sua própria vida.

Em Cristo, temos a oportunidade de recomeçar. A misericórdia divina nos possibilita fazermos dos erros passados uma fonte de aprendizados. Quem aprende com a vida está sempre no caminho da sabedoria e do amadurecimento.

Reescreva sua vida, a partir de novos parágrafos. Faça das páginas de sua vida fontes de sabedoria e aprendizado. Tenha a coragem de recomeçar. Não se prenda aos erros, mas aprenda com eles. Perdoe-se e sinta-se perdoado. Recomece sempre de novo com os olhos fixos no amor de Deus.

"Perdoados lhe são os seus muitos pecados, porque ela muito amou; mas aquele a quem pouco se perdoa pouco ama"
(Lucas 7,36-50)

A pecadora

Ouvi falar que Jesus visitaria a casa de um fariseu. Quando soube da notícia, meu coração saltou. Sempre tive uma vida mundana. Perante a sociedade, eu era a pecadora e já estava condenada por toda a eternidade. Os olhares que chegavam até mim eram de preconceito e julgamento. Para muitos a sentença, a meu respeito, já estava decretada. Cada manhã era uma prisão, em que eu estava condenada a viver sob o julgo de meus pecados. Mas havia em minha alma uma sede de liberdade. Buscava a fonte que me devolvesse o direito de recomeçar.

Aproximar-se do Mestre era uma ousadia. Quem seria eu para aproximar-me de um Messias? Meus pecados pesavam em meus ombros, como uma carga insuportável. Mas foi, justamente, na esperança de me ver livre desse peso que busquei, em minha alma, as últimas forças que ainda restavam em mim. Juntei todo o dinheiro dos meus pecados e comprei um vaso de alabastro com unguento. Minhas economias de anos de pecado se converteriam em um gesto de amor. Não me importava se iriam me julgar novamente diante do que eu pretendia fazer. Já carregava em mim a dor da condenação e do julgamento. Queria ter apenas meu último direito de me aproximar daquele que poderia me libertar de minhas próprias condenações.

E foi assim que, no momento do jantar, invadi aquela casa pela porta dos fundos. Entrei escondida, pois não seria recebida se entrasse pela porta principal. Aqueles que me condenavam jamais permitiriam que eu e meus pecados adentrassem sua casa.

Não consegui encarar aqueles olhares, que mais uma vez me condenavam. Meus erros eram frutos do passado. E o presente nunca havia se despedido das marcas de outrora. Quando o olhar de Jesus se encontrou com o meu, o perdão de seu amor transformou minhas noites de pecado em uma nova manhã de possibilidades. O passado deu lugar ao presente daquele momento. Enquanto todos nos olhavam espantados, minhas lágrimas lavavam minha alma de salvação. Não conseguia pronunciar nenhuma palavra, pois o amor que me amava, naquele momento, era mais forte do que qualquer coisa que eu dissesse. Não havia palavras entre nós, somente os olhares que se encontravam. O brilho daquele sorriso invadiu meu coração de tal forma que as trevas, que há muito tempo haviam chegado, dissiparam-se tão rapidamente, que o brilho de um luar de ternura devolvia-me o direito de ser feliz.

Ajoelhei-me a seus pés, já cansados da longa caminhada, e com minhas lágrimas os banhei. Aqueles pés haviam me devolvido o direito de caminhar pela vida. No fundo de minha alma, eu sabia que meus caminhos nunca mais seriam os mesmos depois daquele encontro. Havia encontrado a fonte que há tanto tempo estava buscando. O que me saciava a sede nascia de um amor que nunca havia experimentado. A misericórdia, que transbordava daquele olhar, era mais forte que todas as condenações, que haviam me afastado de mim mesma e de Deus.

Um beijo não seria suficiente para agradecer o direito que ele me devolvia de ser feliz. E foi com muitos beijos entre lágrimas que enxuguei aqueles pés com meus cabelos, que, no passado, haviam me aprisionado em meus próprios pecados. Com o vaso de alabastro com unguento, eu ungia aqueles pés que haviam deixado as marcas mais profundas nas estradas de minha vida.

Enquanto eu vivia o perdão, todos me condenavam. Em minha alma, eu já não era mais a mesma. Havia experimentado a liberdade de ser livre no amor. Mas aqueles corações ainda estavam presos a meu passado. Eu já contemplava o futuro, e eles continuavam presos na condenação.

Jesus percebeu a maldade em cada olhar de julgamento. O direito de ser livre, que ele me conferia naquele momento, era ridicularizado por quem se achava no direito de julgar. Olhando fixamente para mim, Jesus disse àquele fariseu:

– Vês esta mulher? Entrei em tua casa e não me deste água para lavar meus pés; esta, porém, lavou-os com lágrimas e os enxugou com seus cabelos. Não me deste o ósculo da paz; ela, entretanto, desde que entrei não cessa de me beijar os pés. Não me ungiste a cabeça com óleo, mas esta, com bálsamo, ungiu meus pés. Por isso te digo: perdoados lhe são os seus muitos pecados, porque ela muito amou; mas aquele há quem pouco se perdoa pouco ama.

Quando acabou de dizer cada uma dessas palavras, o fariseu abaixou a cabeça e foi juntar-se a outros que estavam naquela casa.

Enquanto eu ungia com as últimas gotas do unguento aqueles pés, ele disse-me:

– Perdoados são os teus pecados.

O perdão havia chegado definitivamente a minha vida. As correntes do pecado já não mais me aprisionavam. A liberdade da misericórdia havia me devolvido a chance de escrever os mais belos parágrafos de uma nova história. O amor de Cristo colocava-me diante de um novo tempo nascido de seu amor.

Em um canto da casa, ainda conseguimos ouvir meus juízes dizendo:

– Quem é este que até perdoa pecados?

Voltando seu olhar para mim me disse, entre sorrisos:

– Tua fé te salvou; vai-te em paz.

Reescrevendo a Vida

Há presentes que deixam marcas de uma recordação amorosa em nossa vida. Todos nós temos, em algum lugar da nossa casa, algum presente recebido de um amigo ou amiga, que têm uma grande importância para nós. As lembranças não são a melhor maneira de expressarmos o amor verdadeiro que sentimos por aqueles que nos são queridos, mas uma forma simbólica de dizermos que tais pessoas são importantes para nós.

A mulher pecadora ofereceu a Jesus aquilo que ela possuía de mais precioso: seu próprio coração. O perfume era apenas um meio simbólico de expressar sua entrega, total e incondicional, a Jesus. Enquanto Judas pensava no valor monetário do perfume que era utilizado, Jesus compreendia perfeitamente o valor do amor demonstrado por aquela mulher.

Reescreva sua vida, oferecendo a Jesus aquilo que você possui de mais precioso: seu próprio coração. O bem mais valioso que Jesus espera de nós é nossa entrega total em seu amor. Ao mergulharmos nossa vida no amor de Cristo, seremos o perfume de sua misericórdia para todos aqueles que se encontrarem conosco.

"Eu também não te condeno.
Podes ir, e de agora
em diante não peques mais"
(João 8,1-11)

A mulher adúltera

O peso daquelas pedras era apenas o reflexo do que aquelas pessoas carregavam no coração. Eu meu coração não havia mais certezas. Meu fim estava decretado. Havia sido julgada e condenada pelos erros de um passado sem perdão. Diante daquela cena, que anunciava minha morte, eu já estava sepultada pelas acusações e preconceitos expressos em cada olhar.

A lei, que iria me roubar o direito de viver, era mais forte que o perdão, o qual aqueles corações de pedra não conheciam. Nunca fui santa, mas também nunca fui demônio. Minhas fragilidades foram mais fortes que minha pureza. Queria eu ter apenas uma única chance de voltar e fazer diferente. Gostaria de recomeçar e fazer daquelas pedras, que anteципariam meu fim, uma escada de possibilidades.

Arrastaram-me diante de um profeta. Pronunciaram meu pecado e sentenciaram o que a lei dizia. Ele ouviu tudo em silêncio. Depois de olhar para cada um, olhou-me profundamente. Seu olhar não me condenava.

Diferentemente daqueles que expressavam o direito da condenação, ele voltou-se com o olhar fixo para baixo e começou a escrever com o dedo no chão.

Mesmo a distância, consegui ler apenas duas palavras: amor e perdão. Diante daquelas palavras, meu coração sentiu a liberdade que se aproximava. As amarras que me prendiam pareciam, aos poucos, dissipar-se.

Mas eles queriam saber qual era a opinião daquele homem. Insistiram tanto que ele não conseguiu calar-se! Levantou-se e disse:

– Quem dentre vós não tiver pecado seja o primeiro a atirar-lhe uma pedra.

Pude perceber que ninguém teve mais coragem de olhar para mim. As mãos, que estavam segurando as pedras, com a raiva da condenação, foram aos poucos se afrouxando... A cada pedra que caía naquele solo seco e sem esperança, um se retirava. Em pouco tempo, restou somente eu e ele.

Minhas lágrimas rompiam o silêncio que nos unia. Ainda caída em meio à poeira de meus arrependimentos, ele me disse:

– Mulher, onde estão eles? Ninguém te condenou?

– Ninguém, Senhor.

– Eu também não te condeno. Podes ir e de agora em diante não peques mais.

Ele levantou-se, estendeu a mão em minha direção e ajudou-me a ficar em pé. Secou minhas lágrimas com o seu amor. Deu-me um abraço de possibilidades e seguiu seu caminho...

Hoje refiz minha vida. Os tempos de outrora são apenas lembranças que não mais irão voltar. Nunca mais vi aqueles que um dia me condenaram. Mas a cada manhã ainda consigo ouvir aquelas mesmas palavras, que me fazem ser uma nova mulher: "Eu também não te condeno. Podes ir, e de agora em diante não peques mais".

Reescrevendo a Vida

Quando nos prendemos às aparências, corremos o risco de não conhecer a verdade que habita uma alma. Os julgamentos sempre nascem daquilo que sabemos de maneira superficial.

No tempo de Jesus, muitos eram julgados a partir dos erros passados. Em nosso tempo, essa realidade não é diferente. Muitos são julgados e condenados por nós a partir de realidades superficiais, que achamos conhecer de maneira completa. Jesus nunca se prendia ao exterior; em cada pessoa, buscava conhecer o coração.

A mulher condenada por adultério tinha, diante de si, todos os julgamentos que lhe roubavam o direito de recomeçar. Aqueles que a julgaram carregavam nas mãos o peso de seus próprios pecados. Diante da pergunta de Jesus, retiraram-se um a um, a começar pelos mais velhos. Todos tinham pecados; e, se atirassem a primeira pedra, estariam atirando seus próprios erros sobre aquela mulher.

Reescreva sua vida, conhecendo o coração de cada pessoa que convive com você. Conhecer a história de cada pessoa é uma maneira nobre de não ficarmos presos aos rótulos que alguns carregam consigo. Além das aparências, há um coração que espera ser conhecido e amado em suas fragilidades.

"Hoje, a salvação veio a esta casa"
(Lucas 19,1-10)

Zaqueu

Nunca fui bem visto pelos que me conheciam. Meu ofício levou-me a ser conhecido como me chamavam: pecador. Durante muito tempo, fui o chefe dos cobradores de impostos. Infelizmente me perdi no mundo da avareza. Não me contentava com o necessário para sobreviver. Cobrava sempre mais do que me era permitido. Já vi muitas famílias pagarem o que não tinham. Sei que muitos passaram fome por causa de minha sede de dinheiro.

Hoje, encontro-me idoso. Se pudesse voltar atrás e fazer diferente, com certeza, nada seria como antes. Mas houve um momento em minha vida que me mudou completamente. Desde aquele dia, eu deixei de lado os erros que há muito tempo praticava. Desde aquele momento, meu caminho foi transformado, e, hoje, procuro ser, a cada dia, a nova pessoa que ele me permitiu ser.

Soube que ele estava em Jericó. Todos falavam dele. Aqueles que diziam tê-lo encontrado haviam deixado para trás toda uma vida de erros. Em meu coração, eu também buscava uma nova chance. Foi por isso que, quando soube que ele estava próximo a mim, fiquei ainda mais curioso de saber quem era.

A multidão que o cercava não permitia que eu me aproximasse e, muito menos, que o visse. Eram muitos. E, como sou de pequena estatura, não conseguia me aproximar. Mas meu desejo foi maior que meu tamanho. Diante das dificuldades, busquei uma solução um tanto quanto estranha. Olhei para os lados e pensei: "Como vou conseguir ver Jesus?" Diante de mim, encontrava-se um pé de sicômoro. Essa árvore sempre era desprezada por todos, pois produzia figos de qualidade inferior. Mas foi nessa árvore que minha vida pôde dar os frutos mais belos que alguém já viu.

Mesmo depois de tantos anos, ainda me pergunto como ele me enxergou nos galhos daquela árvore. Ao levantar seus olhos, ele me disse:

– Zaqueu, desce depressa; hoje preciso ficar em tua casa.

Ele sabia meu nome? Ele queria ficar em minha casa? Quem era eu para receber um profeta em minha casa? Um pecador recebendo o Filho de Deus? O que aqueles que me condenavam iriam dizer?

Diante de tantas perguntas, que vinham como tempestade em meu coração, desci rapidamente daquela árvore e, com toda a alegria que explodia em meu coração,

eu o recebi em minha casa. Quando o acompanhava até minha casa, pude ouvir muitos comentando entre si:
— É na casa de um pecador que ele vai se hospedar.
Sim! Era, exatamente, verdade o que eles comentavam. Não havia mentira naquelas afirmações! Ele estava indo se hospedar na casa de um pecador, o qual era eu. Olhando para aqueles que me condenavam e criticavam, carregava em meu coração uma certeza: realmente, eu não era digno de receber Jesus em minha casa.

Mas cada vez que eu contemplava aqueles olhos misericordiosos, minhas certezas iam, aos poucos, caindo por terra. Diante de tanto amor, eu já nem mais conseguia me condenar. Aos poucos, fui me desarmando dos meus próprios julgamentos. E, quando todas as minhas certezas se tornaram incertas, eu olhei fixamente em seus olhos e disse:
— Pois bem, Senhor, eu reparto com os pobres a metade de meus bens e, se prejudiquei alguém, restituo-lhe o quádruplo.

Diante de minha afirmação, talvez a mais verdadeira de toda a minha vida, ele olhou para todos aqueles, que ainda me condenavam, e com amor disse:
— Hoje a salvação veio a esta casa, pois também ele é filho de Abraão. Com efeito, o Filho do Homem veio procurar e salvar o que estava perdido.

A salvação entrou não somente em minha casa, mas também na minha vida. Desde aquela visita, minha vida nunca mais foi a mesma. Naquele mesmo dia, comecei a procurar quem eu havia prejudicado e distribuí meus bens aos pobres. Hoje, sou como um deles. Vivo com o necessário. E o necessário em minha vida hoje tem nome: Jesus Cristo.

Foi assim que, em uma árvore que produzia figos de qualidade inferior, minha vida começou a frutificar os mais belos frutos de amor.

Reescrevendo a Vida

Zaqueu era conhecido pelos lucros desonestos, que obtinha explorando as pessoas. Construiu sua fama em cima do pecado da corrupção. Era um pecador conhecido. Mas, em um encontro com Cristo, teve sua vida transformada.

Enquanto todos o condenavam, Jesus lhe deu a oportunidade de recomeçar, de reescrever a vida de um jeito totalmente novo. Os frutos na vida de Zaqueu foram fecundados pelo amor de Cristo.

Na vida, muitos carregam as marcas da condenação. São conhecidos pelos erros e pecados que já se tornaram públicos. Em Cristo, todos têm a chance de recomeçar. Um passado de erros nunca será critério para um futuro de possibilidades. O próprio Jesus, que entrou na casa e no coração de Zaqueu, deseja fazer morada fixa em nossa vida.

Reescreva sua vida, permitindo que Jesus faça morada permanente nela. Abra as portas do coração e permita que a luz do amor de Deus brilhe em cada canto de sua alma. Vida nova começa com um tempo novo, nascido no amor de Deus.

"Queres ficar curado?"
(João 5,1-8)

O paralítico de Betesda

Trinta e oito anos. Esse foi o tempo que permaneci enfermo da alma e do corpo. Fui abandonado por todos quando a doença chegou. No início, alguns cuidavam de mim. Mas, com o passar do tempo, os poucos que ajudavam também foram afastando-se. Durante trinta e oito anos, sobrevivi da misericórdia de alguns. Mas, durante todo esse tempo, carregava em meu coração uma certeza: algum dia eu encontraria alguém que me levaria à piscina de Betesda.

Sim! Betesda. Esse é o nome da piscina. E o significado é: casa da misericórdia. Um local, onde muitos, quando as águas se agitam, mergulham e são curados. Mas eu nunca encontrava alguém que me levasse até lá. Na casa da misericórdia, nunca encontrei alguém que fosse misericordioso comigo. Todos pensavam em si mesmos e em suas doenças.

E foi assim que em um dia, quando eu comecei a desistir de chegar até a piscina, ele apareceu. Não o conhecia. Nunca havia ouvido falar de seu nome. Na realidade, nem o vi chegar. Outros contaram-lhe sobre a minha situação. Eu não o vi, mas ele me viu e se preocupou comigo. Meus olhos não o alcançaram quando ele chegou. Mas a misericórdia dele alcançou minha vida por completo.

Aproximou-se de mim e perguntou:

– Queres ficar curado?

– Senhor, eu não tenho ninguém para mergulhar-me na piscina, no momento em que a água começa a se agitar; e, no tempo que levo para chegar lá, outro desce antes de mim.

Em poucas palavras, resumi para aquele homem todos os meus trinta e oito anos de sofrimento. Poucas palavras para tantos anos. Mas a realidade era aquela que eu apresentava. Não havia outras palavras a serem partilhadas. Minha vida se resumia em uma misericórdia, que eu nunca havia experimentado.

Em seus olhos, eu vi o brilho da compaixão e a luz da misericórdia, que adentraram no mais profundo de minha alma. Fui tocado pelo poder de sua bondade. Meus trinta e oito anos de sofrimento pareciam nada diante de sua presença. Não havia mais sofrimento em meu coração. Aquele olhar era um abraço que me devolvia a vida em plenitude.

Enquanto meus olhos contemplavam os seus, que me traziam o céu diante de minhas limitações, ele me disse:

– Levanta-te; toma tua maca e anda.

Imediatamente, levantei-me e comecei a andar. A misericórdia divina havia devolvido meus passos. Os trinta e oito anos de sofrimento haviam se despedido em alguns segundos de compaixão. O passado da limitação agora dava lugar a um novo caminho de possibilidades. Todos me olhavam assustados. Como era possível alguém, que há tanto tempo estava impedido de caminhar, agora voltar a andar? Jesus foi minha verdadeira Casa da Misericórdia. Ele acolheu-me em seu amor. Devolveu-me a vida.

Hoje, caminho pela vida com o coração fixo em seu amor. A cada passo que dou, agradeço aquele olhar que me encontrou sem vida na multidão. A misericórdia de Jesus devolveu-me a felicidade de sentir-me amado.

Reescrevendo a Vida

Foi a misericórdia de Jesus que devolveu a vida àquele homem, que vivia há trinta e oito anos esperando uma ajuda para ser curado. Diante daquela multidão, Jesus viu alguém que vivia a esperar um gesto de solidariedade. Todos se preocupavam consigo. Jesus preocupou-se com alguém que era anônimo. O amor de Deus vem a nós de maneira pessoal. Somos muito mais que um número. Somos amados e conhecidos diante do amor divino.

Muitos são os que estão estacionados nos caminhos da vida, esperando um gesto de misericórdia e solidariedade. Anônimos esperam uma palavra que os devolva a vida ou um gesto que lhes dê o direito de recomeçar.

A misericórdia é fruto de gestos de bondade e solidariedade. Vivemos em tempos que o outro é sempre um estranho para nós. Vivemos anestesiados em relação à dor do próximo. Quem sofre é nosso irmão e irmã, pois diante de Deus somos filhos de uma mesma família.

Reescreva sua vida, sendo sinal da misericórdia de Deus na vida de cada pessoa com quem se encontrar. Plante amor, regue com solidariedade, adube com esperança e veja as flores da vida desabrocharem.

"Jesus, quando chegares
a teu Reino, lembra-te de mim"
(Lucas 23,39-43)

Ladrão arrependido

A meu lado um inocente. Eu, pagando por meus pecados, era digno da condenação que a mim foi imposta. Ele era crucificado pelos pecados de outros. Sua dor era tão visível, que rasgava de dor e compaixão minha alma. Se pudesse, eu o arrancaria daquela cruz e lhe daria a liberdade, à qual o pecado daquela multidão o condenava. Mas não pude fazer nada. Meus erros me faziam prisioneiro de uma condenação sem volta. Eu pagava, ali naquela cruz, o mais alto preço de meus pecados: a crucificação.

Na vida, poderia ter escolhido o caminho do bem. Tive tantas oportunidades de fazer diferente. Poderia ter optado pela vida. Mas nada que minha mãe me falasse faria eu mudar o caminho, que um dia eu mesmo trilhei para mim... Ah! Como eu gostaria de, naquele momento derradeiro, olhar para minha mãe e lhe pedir perdão por não ter ouvido sua voz. A dor dos pregos, que rasgavam meus punhos, era menos dolorida que meus arrependimentos. Como gostaria de voltar no tempo e fazer diferente. Outras escolhas. Caminhos novos. Mas não teria a chance de recomeçar, pois minha condenação estava decretada, e, naqueles últimos momentos, eu contemplava a dor de meus erros.

Como é triste olharmos para a vida, vermos que não há mais chance de voltar no tempo e desfazermos os gestos, os quais, um dia, roubaram o direito da felicidade de pessoas inocentes. Sim! Roubei muitas vidas com minha maldade. Fui um ladrão sanguinário. A maldade comandava meus gestos; na ânsia de uma liberdade sem limites, dominado pela maldade, destruí muitas vidas, apaguei as chamas de esperança e sepultei sonhos. Nunca me preocupei com a dor alheia, pois meu desejo de felicidade sempre fora maior que as vidas, que um dia eu destruí...

Se Deus me permitisse voltar no tempo, refazer minha história, reparar o mal cometido, talvez meu final seria diferente. Talvez, tivesse um pouco mais de paz. Talvez, teria alguns minutos a mais de vida. Mas não. O presente não permite o retorno ao passado. E meu futuro estava decretado em meus últimos minutos naquela cruz.

Seus olhos estavam fixos em sua mãe. A dor daquela mulher fez-me recordar as dores de tantas mães, que viam seus filhos sem vida, dos quais um dia eu retirei o direito de viver. Aqueles olhos banhados por lágrimas eram os mesmos olhos de minha mãe, quando me pedia para regressar a seu amor. Mas eu não enxergava a dor nas lágrimas dela. O que meus olhos contemplavam era a fúria pelo dinheiro e por uma felicidade que não respeitava a vida alheia. Na vida, caminhei de mãos dadas com as inconsequências de minha maldade. Tornei-me prisioneiro do mundo, que eu mesmo criei para mim.

Já havia ouvido falar dele. Era conhecido na região. Soube do relato das curas que realizou. Nunca tive desejo de conhecê-lo e, agora, eu encontrava-me ali, a seu lado, contemplando as dores de um inocente. Muitos gritavam suas fúrias, sem piedade, diante daquele que sofria as dores da humanidade. Sua dor era silêncio. Seu sangue era misericórdia, que jorrava nos corações tomados pela maldade. E foi no derradeiro momento de minha vida que aquele sangue, que jorrava de suas feridas, curou-me. Sim! Aquele sangue que banhava os pecados da multidão lavou-me do mal, que em mim fez morada durante uma vida inteira.

No fim, quando não mais havia esperança, eu fui lavado pela sua misericórdia. O que rasgava a minha carne não era mais a dor dos pregos, mas o perdão daquele estranho homem, que me devolvia o direito de ser livre dos meus pecados. Nunca havia experimentado um amor daquele jeito. O que aprendi na vida foi exercer o ofício de mensageiro da morte; agora, aquele homem adentrava os territórios pagãos de minha alma e devolvia a meu jardim, já seco pela falta de amor, a água da vida. Naquela fonte de amor, que jorrava de seu sangue inocente, eu banhei meus pecados por inteiro. Lavei-me em sua misericórdia e, olhando para aqueles olhos que somente me amavam, consegui dizer:

– Jesus, quando chegares a teu reino, lembra-te de mim.

Diante de meu último pedido, ainda consegui ouvi-lo dizer:

– Eu te asseguro que hoje estarás comigo no paraíso.

Reescrevendo a Vida

Arrepender-se... Recomeçar... Em Cristo, encontramos a oportunidade para reescrevermos nossa história de um jeito totalmente novo. O ladrão arrependido nos ensina esta grande lição: o amor de Jesus nos capacita para recomeçarmos, quando tudo parecer perdido.

Cada novo dia é sempre uma oportunidade de crescermos como pessoas. O perdão de Deus nos qualifica a amarmos sem limites. Nunca será tarde para quem aprendeu que o perdão é sinônimo de amor sem fronteiras.

Ame e descubra a arte de reescrever sua própria história...

Bom recomeço!

Índice

Prefácio 3

"Não chores mais" *(Lucas 7,11-17)* 6
A VIÚVA DE NAIM 7
Reescrevendo a Vida 10

"Jesus, mestre, tem piedade de nós" *(Lucas 17,11-19)* 12
O LEPROSO AGRADECIDO 13
Reescrevendo a Vida 17

"Tua fé te salvou!" *(Lucas 18,35-43)* 18
O CEGO DE JERICÓ 19
Reescrevendo a Vida 22

"Se eu conseguir somente tocar em sua veste,
serei salva" *(Mateus 9,20-22)* 24
A MULHER QUE SOFRIA DE HEMORRAGIA 25
Reescrevendo a Vida 28

"Mestre, que devo fazer para possuir
a vida eterna?" *(Mateus 19,16-22)* 30
O JOVEM RICO 31
Reescrevendo a Vida 35

"Nem conheço esse homem!" *(Mateus 26,69-75)* 36
AS MENTIRAS DE PEDRO 37
Reescrevendo a Vida 40

"Pequei, entregando à morte
sangue inocente" *(Mateus 27,1-5)* 42
O ARREPENDIMENTO DE JUDAS 43
Reescrevendo a Vida 45

"Perdoados lhe são os seus muitos pecados,
porque ela muito amou; mas aquele a quem
pouco se perdoa pouco ama" *(Lucas 7,36-50)* 46
A PECADORA 47
Reescrevendo a Vida 51

"Eu também não te condeno. Podes ir, e de agora
em diante não peques mais" *(João 8,1-11)* 52
A MULHER ADÚLTERA 53
Reescrevendo a Vida 56

"Hoje a salvação veio a esta casa" *(Lucas 19,1-10)* 58
ZAQUEU 59
Reescrevendo a Vida 63

"Queres ficar curado?" *(João 5,1-8)* 64
O PARALÍTICO DE BETESDA 65
Reescrevendo a Vida 68

"Jesus, quando chegares a teu Reino,
lembra-te de mim" *(Lucas 23,39-43)* 70
LADRÃO ARREPENDIDO 71
Reescrevendo a Vida 75